Dieses Adressbuch gehört:

A

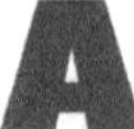

B

B

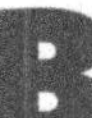

B

B

c

D

D

D

D

D

E

E

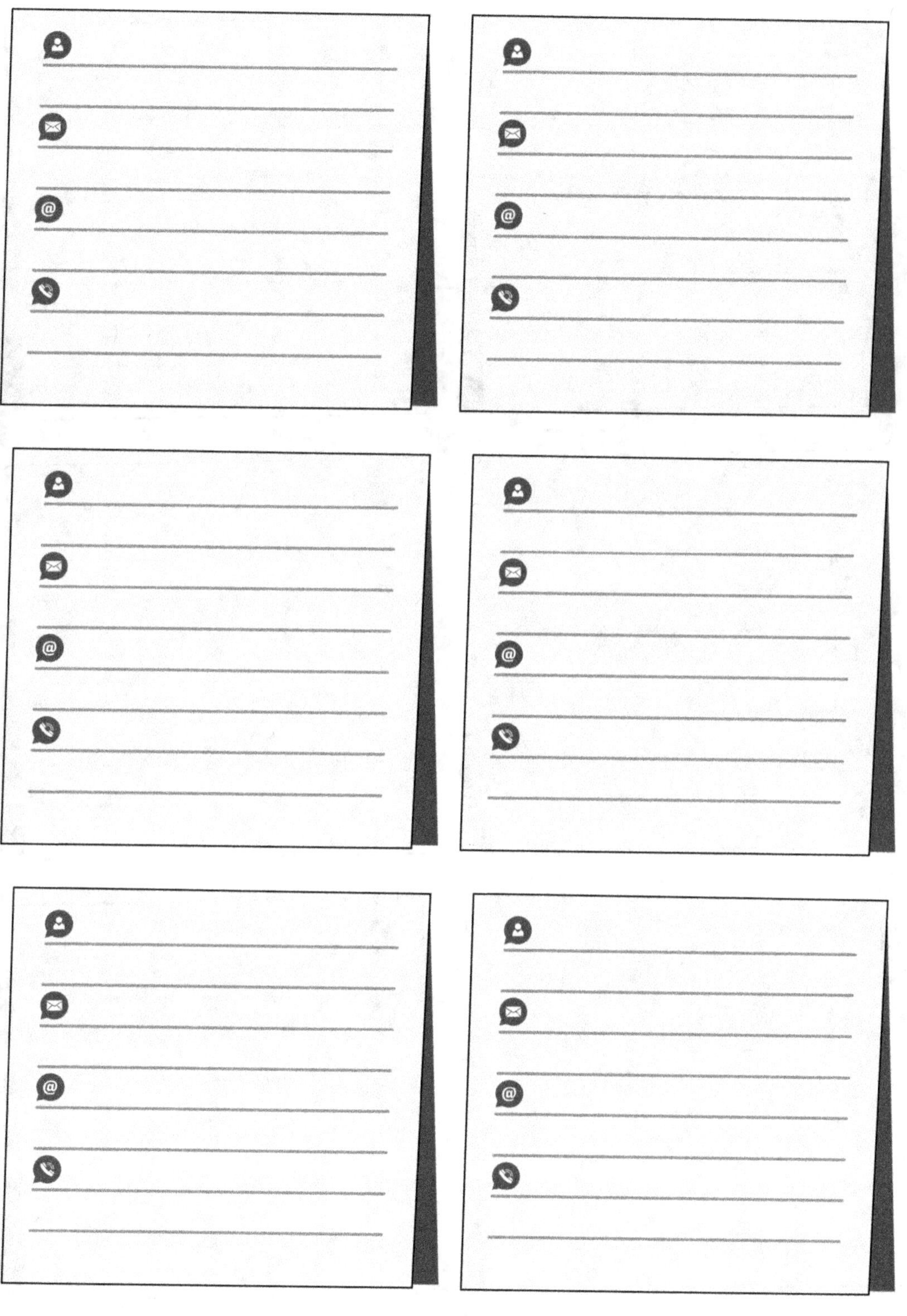

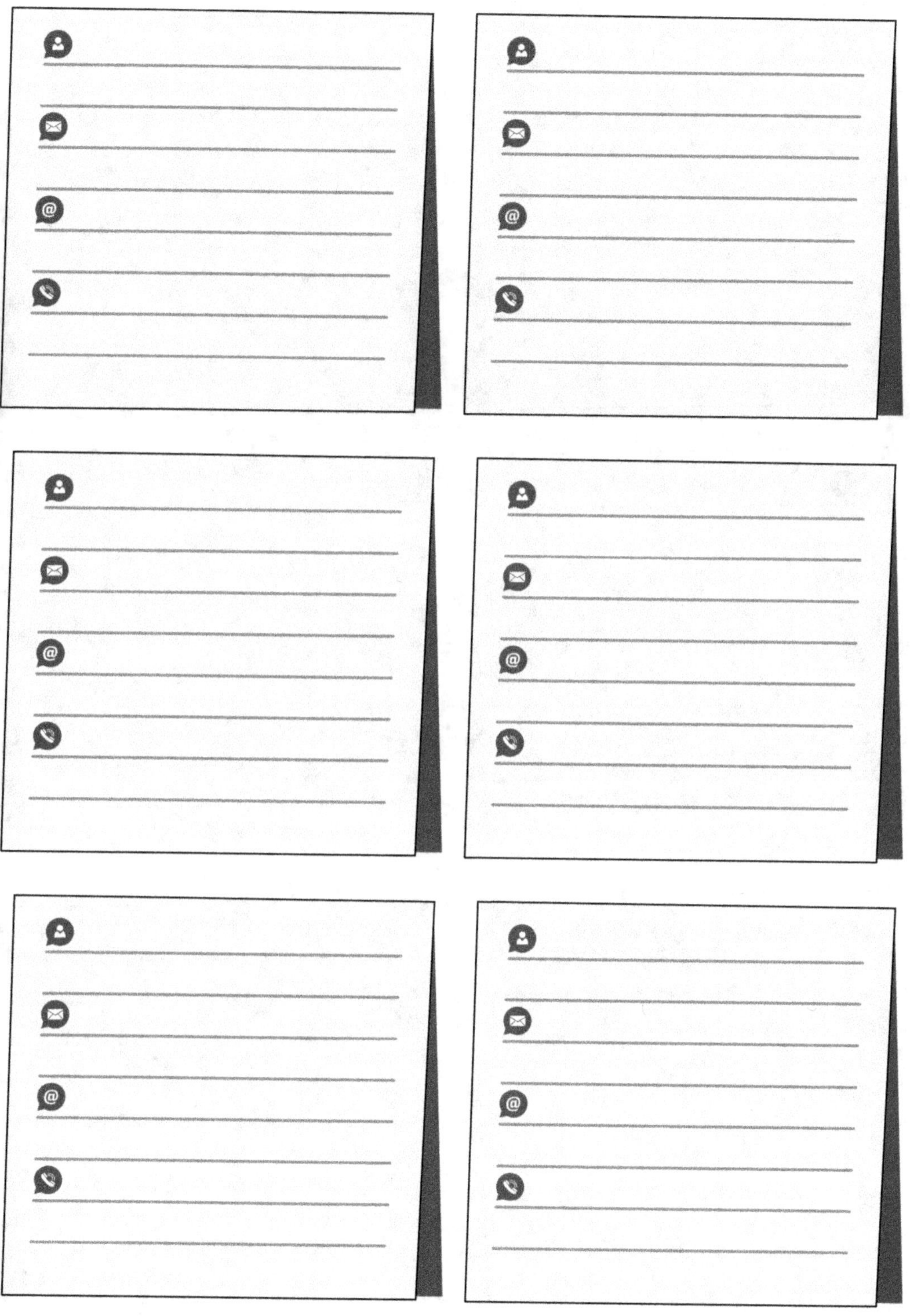

F

F

F

F

G

G

G

G

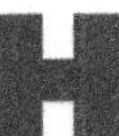

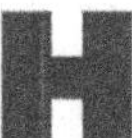

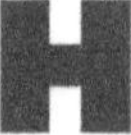

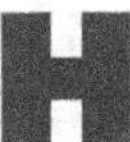

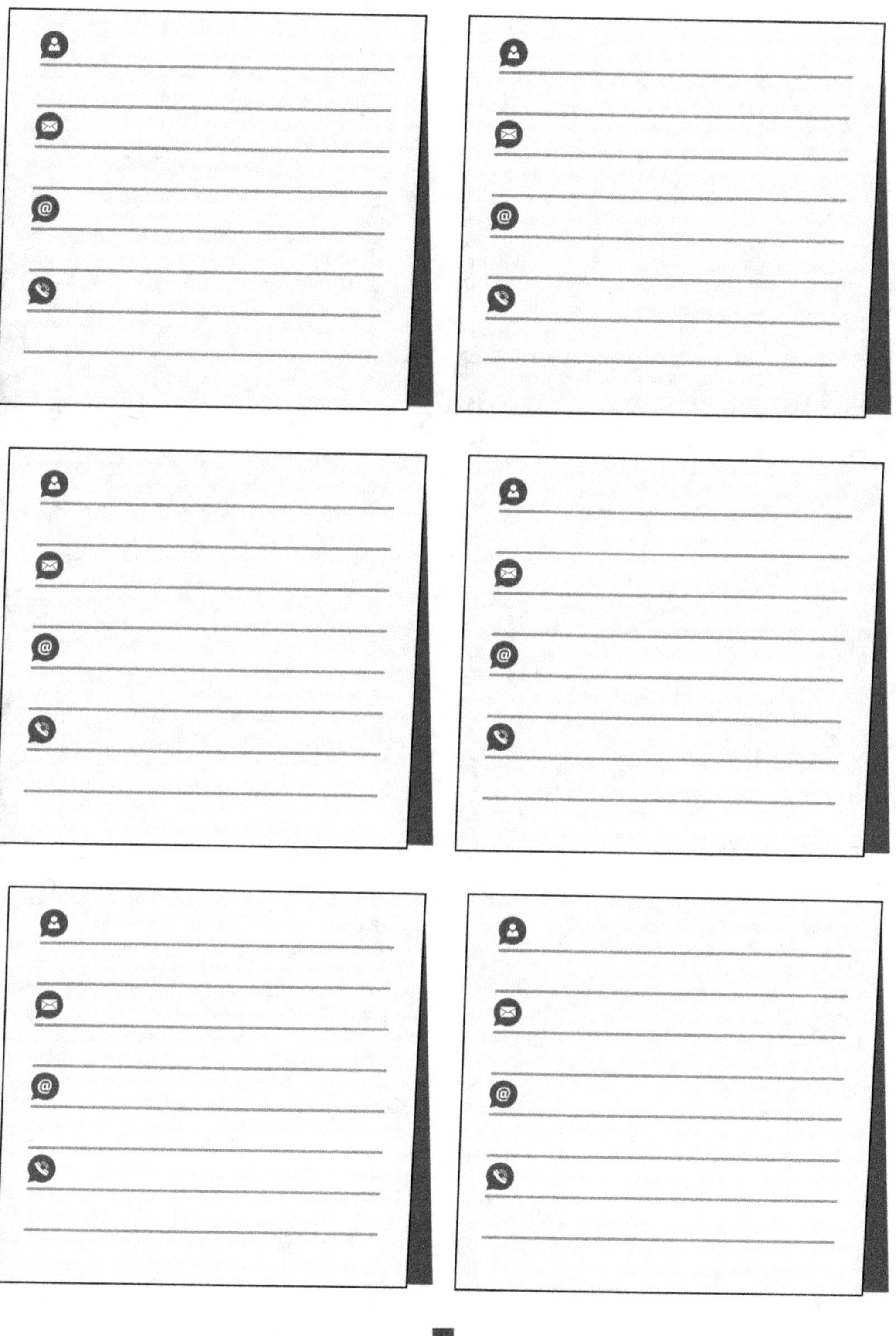

J

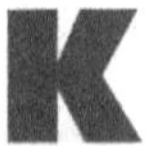

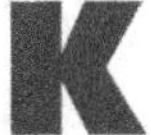

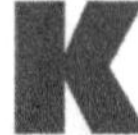

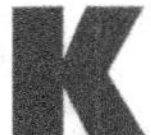

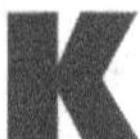

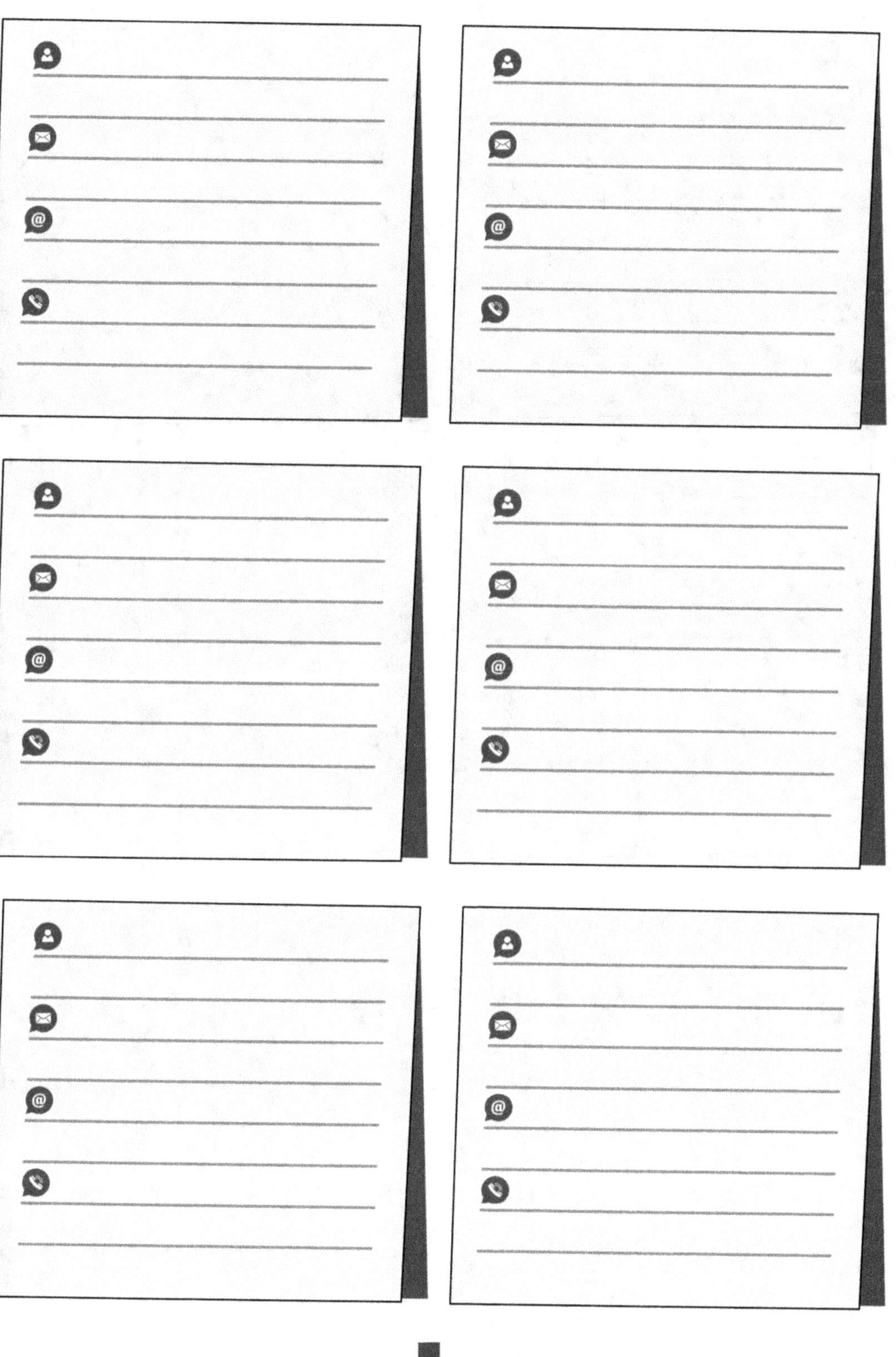

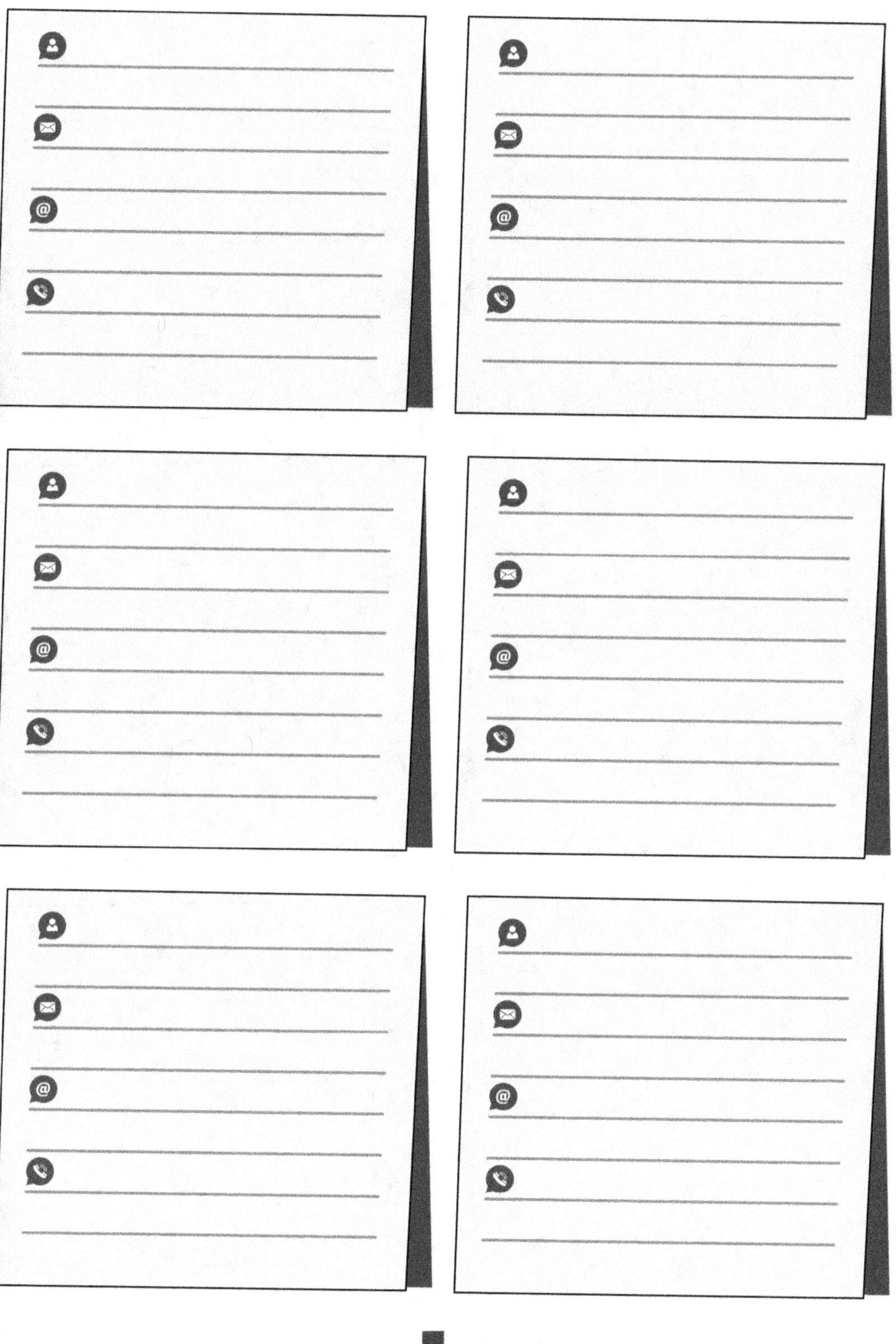

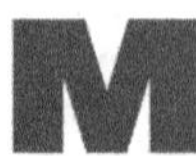

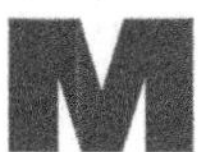

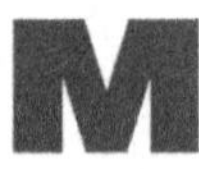

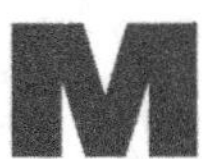

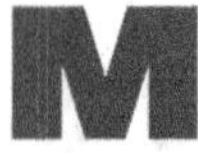

N

N

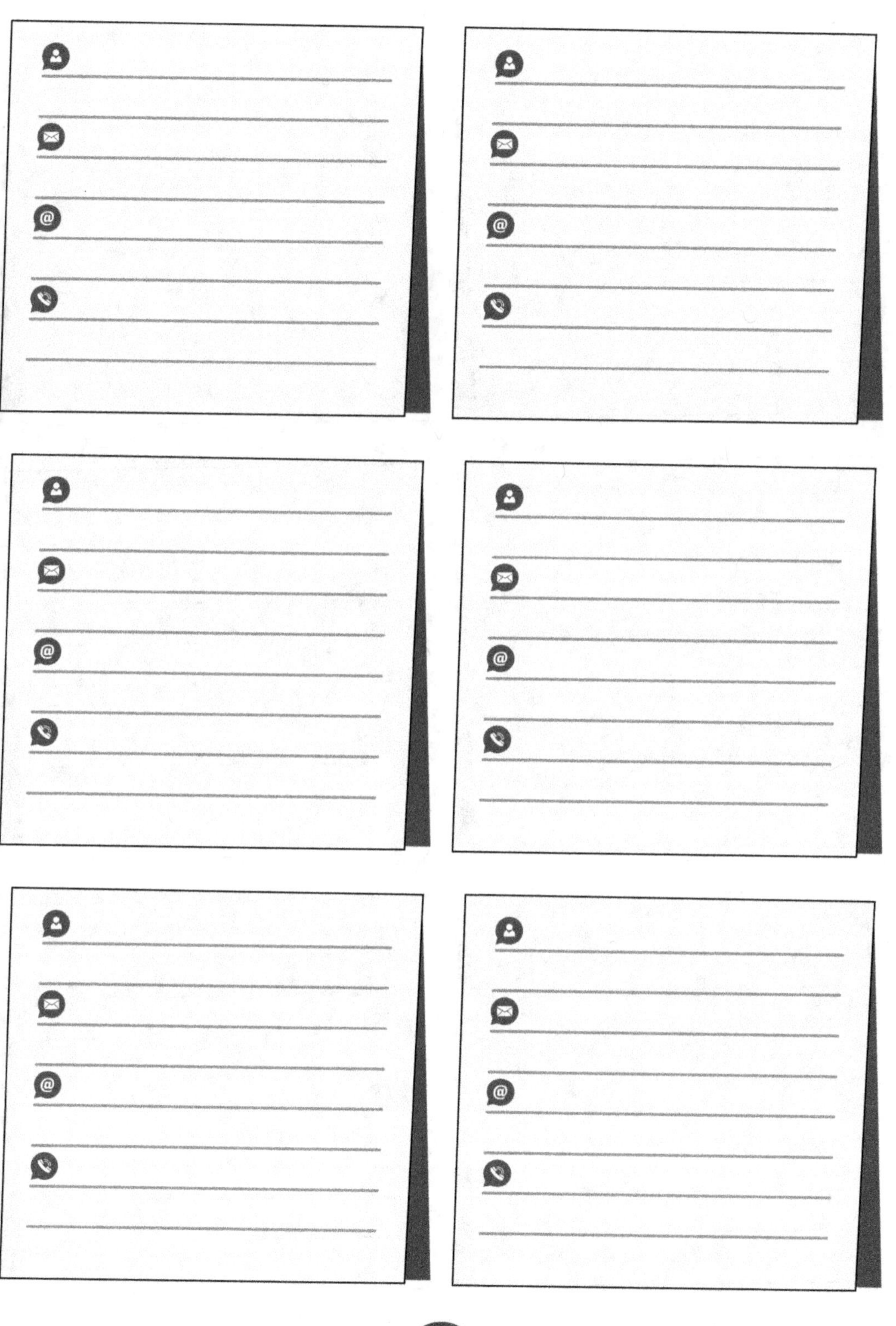

P

P

P

P

P

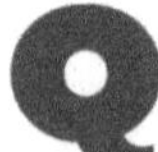

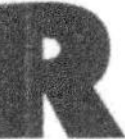

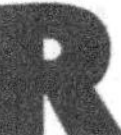

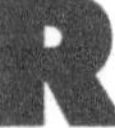

R

S

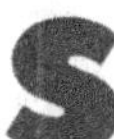

S

S

S

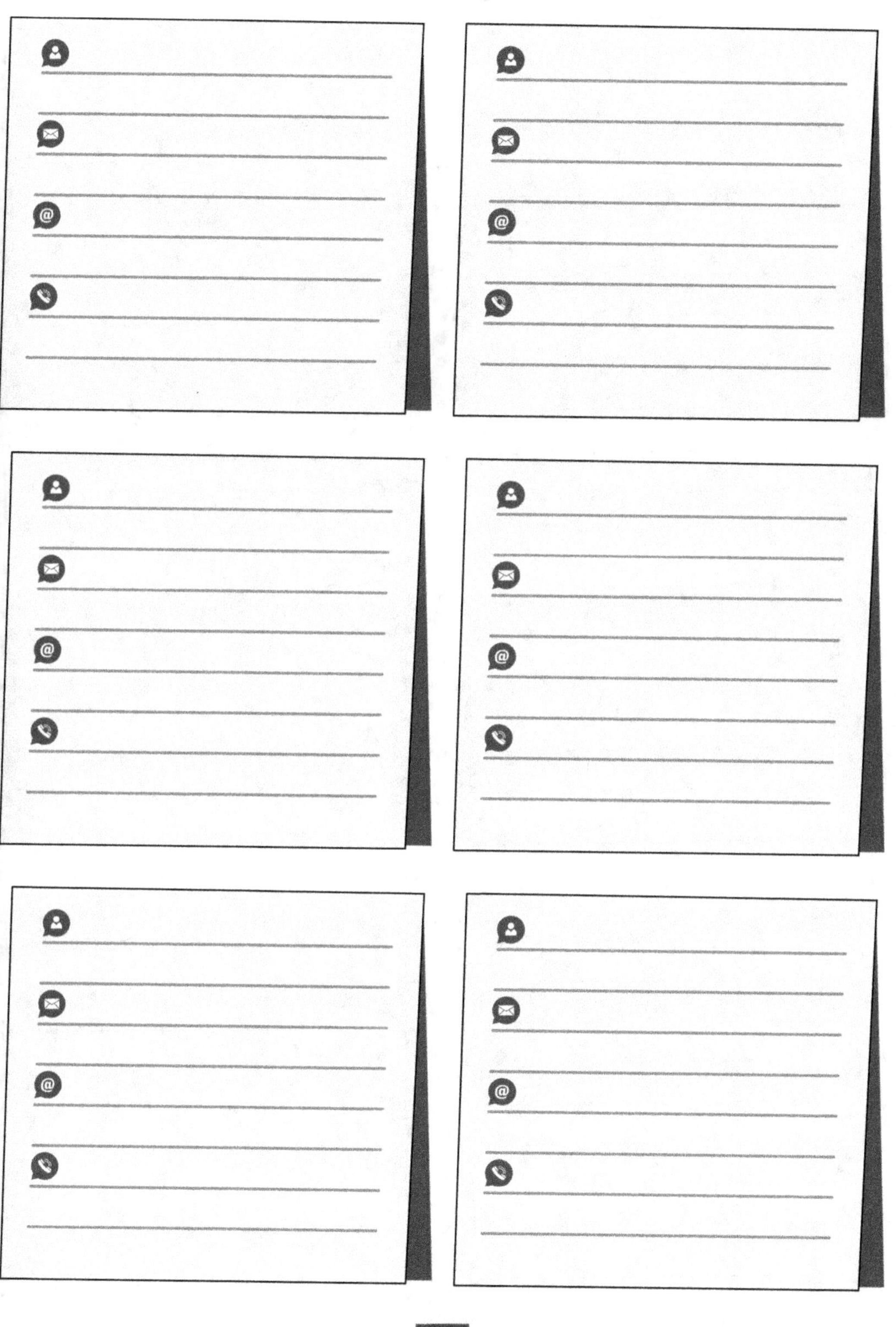

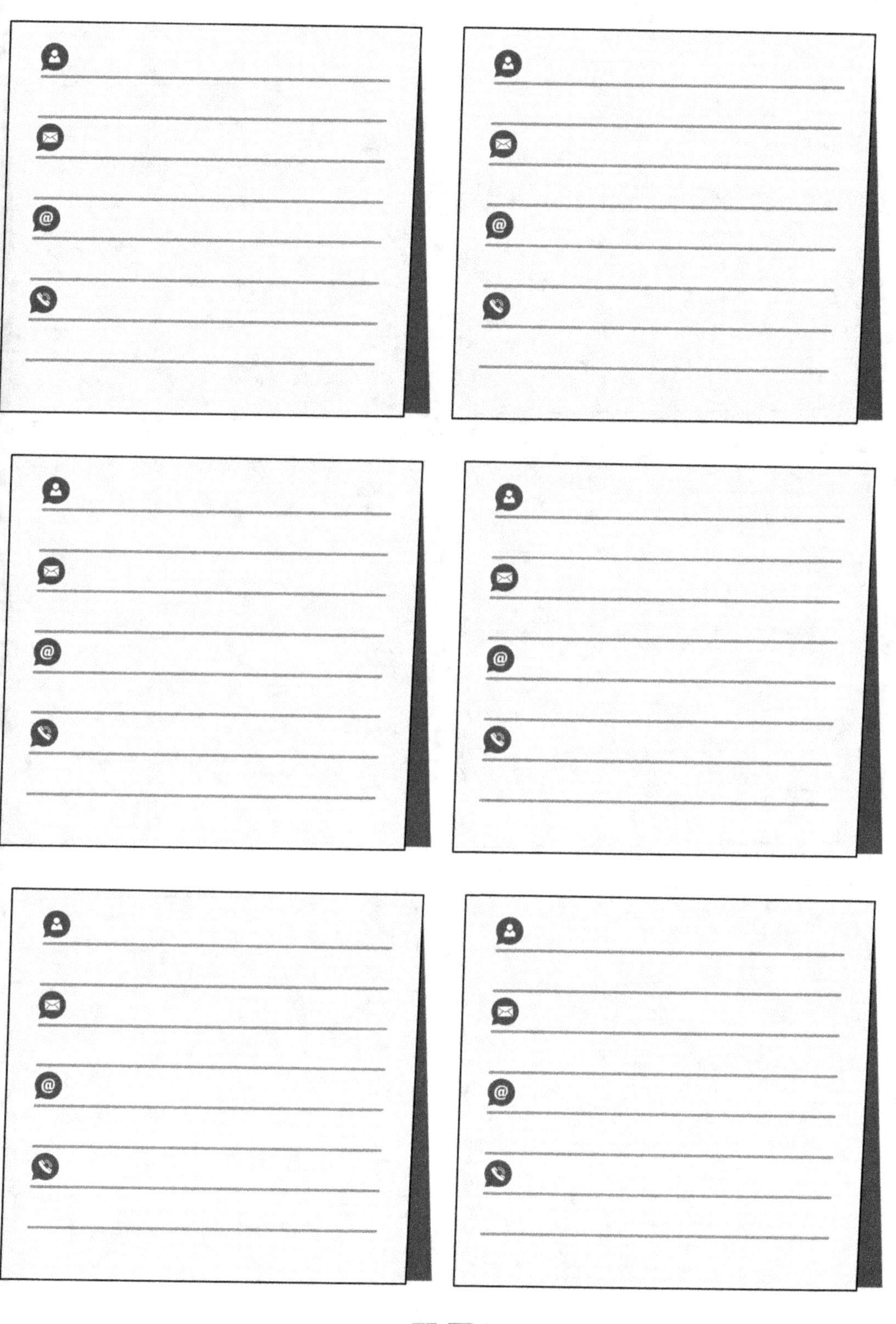

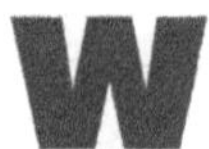

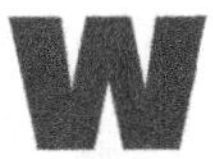

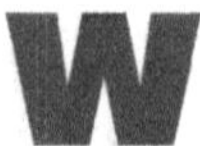

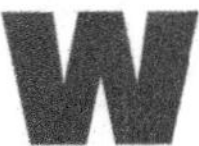

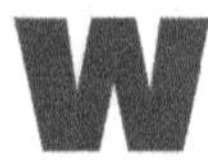

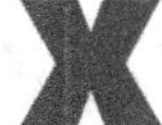

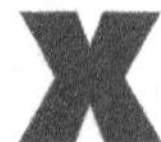

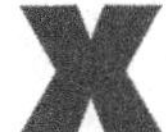

Y

Y

Y

z

z

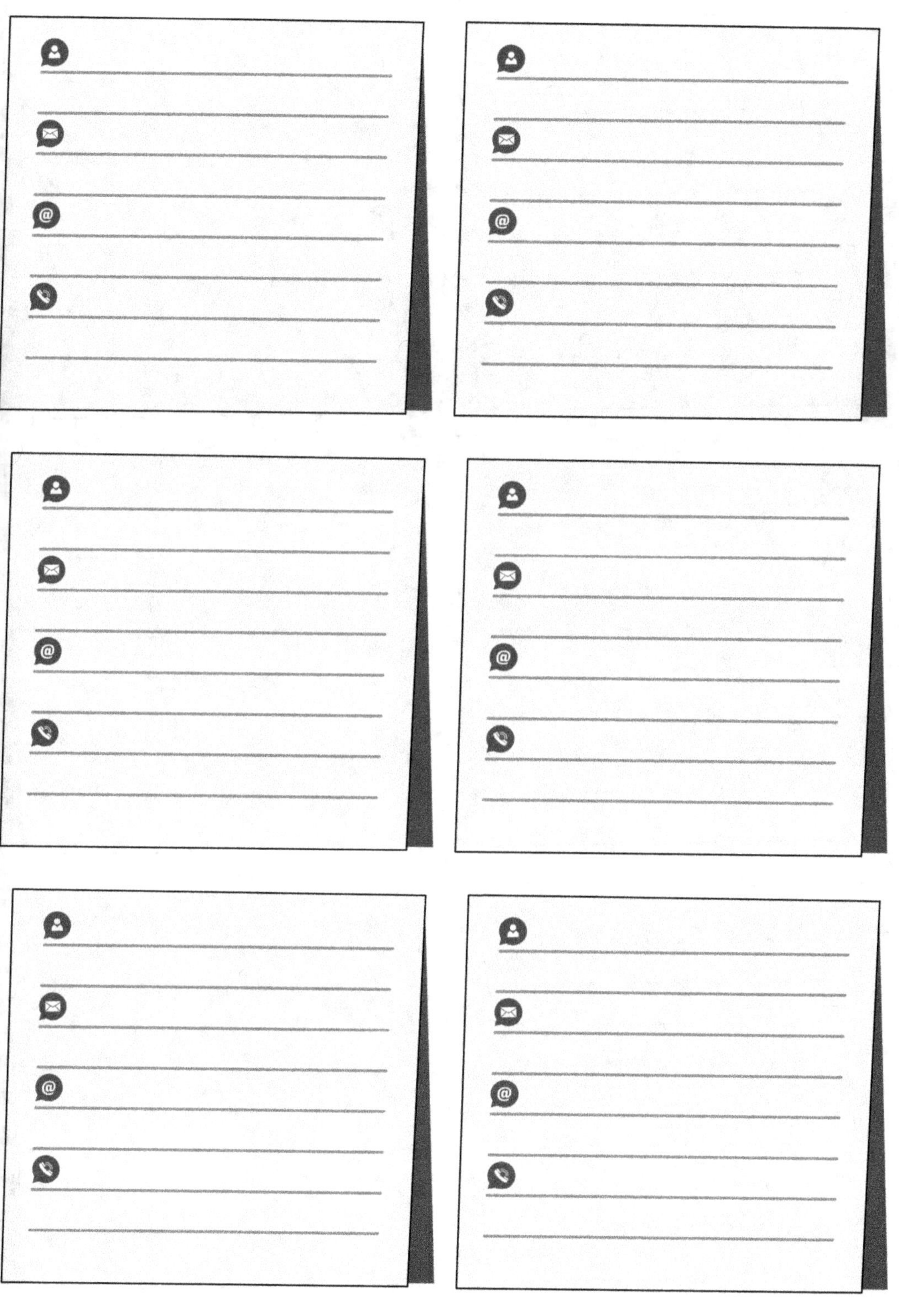

Z

Z

Z

Impressum:

Philipp Hesse
c/o Werneburg Internet Marketing und Publikations-Service
Philipp-Kühner-Straße 2
99817 Eisenach